Bibliografische Information der Deutschen Nationalbibliothek:
Die Deutsche Nationalbibliothek verzeichnet diese Publikation in der
Deutschen Nationalbibliografie; detaillierte bibliografische Daten sind
im Internet über dnb.dnb.de abrufbar.

© 2017 Peter Dreyling
Herstellung und Verlag: BoD – Books on Demand, Norderstedt
Umschlagabbildung: Klaus Dölla

Alle Urheberrechte, insbesondere das Recht der Vervielfältigung, Verbreitung und öffentlichen Wiedergabe in jeder Form, einschließlich einer Verwertung in elektronischen Medien der reprografischen Vervielfältigung, einer digitalen Verbreitung und der Annahme in Datenbanken, ausdrücklich vorbehalten.

ISBN 978-3-743181-281

DON'T WORRY, BE WOLFRAM

eine Vergegenwärtigung und Rühmung 2017
mit Prosa und Lyrik von peter dreyling

Wolfram von Eschenbach ...

eine Vergegenwärtigung 2017
von peterdreyling

ein Versuch,
aus der vergangenen Welt seine Dichtung
und Aussagen Gestalt annehmen zu lassen,
das Nicht-Hörbare zu hören,
das Nicht-Sehbare zu sehen,
beides zu verstehen,
um der sein zu können,
der er ist.

Don't worry,
be Wolfram

AngeDACHT 2017
von peterdreyling

gewidmet meiner Frau
Waltraud Burger-Dreyling:
»Danke für die Hilfe
und die Sympathie für das Thema!«

und meinem Schwiegervater Josef Stellwag,
dem Wolfram von Eschenbach
in den Wolframs-Festspielen 1952/53 in
Wolframs-Eschenbach
»und ich selbst bin parzival!«
Sein Wort: »Unsere Zukunft
bestimmt der mündige Besucher
aus seiner Zeit!«

Einleitung

Wolfram von Eschenbachs Lebenszeit, vor 1200 – nach 1217, fällt in die Regierungsepoche der Hohenstaufen: Kaiser Barbarossa Friedrich I., Kaiser Heinrich VI., Kaiser Friedrich II.
Man spricht in dieser Epoche von der Glanzzeit des Rittertums.
Beinahe 800 Jahre nach Wolfram von Eschenbach, dem größten Epiker des Hochmittelalters, dem »Erzähler« des Parzivals, des Titurels und des Willehalms nehmen sich Poeten unserer Zeit erneut dieser Stoffe an und bearbeiten sie – auch in eigenen Werken, führen seine Aussagen gedanklich weiter, deuten sie – und deuten sie auch um, wie Richard Wagner: Parsifal, Adolf Muschg: Der Rote Ritter, Dieter Kühn: Der Parzival des Wolfram von Eschenbach.
Hat Wolfram uns denn heute noch etwas zu sagen? Ist der Parzival noch modern?
Ich befasse mich nachfolgend mit dem »Parzival«, Wolframs höfischem Roman mit 24810 Versen, der schon von seinen Zeitgenossen gerühmt worden ist »ob seiner Form, Sprache, seines Inhalts« ein Bildungsroman par excellance, kurz eine Auseinandersetzung des Menschen mit sich, der Welt und Gott, dargestellt innerhalb einer hochdramatisch verlaufenden Entwicklung vom »tumben toren« zum Gralskönig. Wolfram zeigt sich in der Werkform und dem Inhalt als Neuerer, Grenzen-Überschreiter, ja »Provokateur«. Das macht dieses Epos aus dem Hochmittelalter für die heutige Zeit interessant, zu einem immer modernen Kunstwerk, und im neuzeitlichen Sinn kommt dem Typus des Bildungsromans Wolframs Parzival am nächsten: »Der Romanheld ist prinzipiell ein Suchender!« Dies hat Wolfram in seinen Parzival hineinverwoben und damit seine Zeitgenossen besonders angezogen. Den Erfolg bezeugt die Fülle der überlieferten 75 Handschriften und Bruchstücke von Handschriften bis 1477 zum ersten Druck des Parzivals durch den Straßburger Drucker Mentelin, gleich nach der Bibel.
Fazit: Die Menschen seiner und unserer Zeit sind einander verwandt, denn sie leben in ähnlich unruhigen Zeiten und Veränderungen.
Ihre »art«, ihre Veranlagungen und Verhaltensweisen haben sich nicht verändert.
So bleibt Parzivals Lebensweg zeitlos modern als Lebensweg eines Menschen, der sich verantwortlich fühlt für seine Mitmenschen und seine Umwelt,

verantwortlich nicht schon als »tumber tor«, sondern der nach einem langen, bitteren Weg des Lernens, der Selbsterkenntnis die Verantwortlichkeit erkennt und entsprechend handelt.

Wolfram schaut aus seinem Werk »Parzival« mit vielen Gesichtern: Es gibt Selbstbildnisse, keine Urkunden. Das Spiel der Fragen und das Spiel vom Fragen zieht uns an. Fragen entdecken ist der Anfang allen Wissens.

Daher ist und bleibt der »Parzival« des Wolfram von Eschenbach so modern und für uns so interessant.

peterdreyling

»Eschenbach, verträumte Stadt,
ewig wirst du leben,
der ein deutscher Dichter hat
hellen Glanz gegeben ...«
(Dr. Otto Großmann, 1916)

Ich bin 80 Jahre alt geworden,
für mich eine Wende, ziehe Bilanz und empfinde,
dass ich lange genug gewartet habe,
dass ich genug Rücksicht auf das »man(n)« und andere genommen habe.
Ich habe mein Pensum an Zurückhaltung erfüllt,
habe imerzu gesagt, dass ich noch zu jung sei,
habe es geglaubt – auch gegen besseres Wissen –,
habe mir Unfähigkeit eingeredet, die ich nicht hatte,
um andere nicht zu schocken.
Um meine Noch-Lebenslänge geht es schon länger nicht mehr,
nur noch um Qualität.
Deutlicher als je zuvor geht mir auf,
dass ich bestimmte Arten des Wartens nicht mehr üben will:
Es will hinaus und leben, was in Jahren gewachsen ist:

»Wege laden mich ein,
stille und einsame,
leichte und schöne!
Mit anderen –
aber auch allein
kann ich sie gehen.
Jetzt kann zusammenkommen,
was bisher vereinzelt war!«

Ich wende mich den Grenzen zu, die ich früher eingehalten habe,
um sie jetzt zu überspringen oder zu versetzen,
weil ich nichts mehr als vorgegeben annehme.

I'm looking for Wolfram,
WAITING and TRYING –
das Nicht-Hörbare zu hören
und das Nicht-Sehbare zu sehen,
um möglichste der zu sein,
der ich wirklich bin!
Don't worry, be Wolfram!

*Ich hülle die Geschichte in der Dichtung Schleier ein
und will in Euch die Liebe zu unserer Heimat nähren.
Was einst gewesen, soll Euch Nachgebornen Spiegel sein,
soll Euch der Heimat Bild ins Überzeitliche verklären.*

*So klinge wieder durch die deutschen Gauen
du Heimatlied, das nie im Herzen schweigt,
das stets uns wieder neues Morgengrauen
nach langen Lesenächten zeigt!*

*Beginne wieder deine »Aventiure«-Fahrten
im Sehnsuchtssturme über Berg und Tal
und jag den Zielen nach, die deiner warten,
du alter, ewig junger Parzival.*

*Das sollt Ihr Nachgebornen wissen: Der Held
Wolfram von Eschenbach ritt durch uns're Fluren,
trug in sich des Grales wunderreiche Welt,
und ich führ' Euch heut auf längst verwehten Spuren.*

Keine leichte Aufgabe war es für König Ludwig III. von Bayern, die Stadt Obereschenbach nach einem Dichter zu benennen, der noch aus dem Mittelalter, »der Prähistorie des modernen Individuums« (Adolf Muschg) stammt.

Muschg sagt 1995 in seiner Laudatio »Abdruck einer Spur« zur Eröffnung des Wolfram von Eschenbach-Museums: »Wolfram ist weit weg, nur deshalb ist er uns so nah – oder kann uns so nah kommen.

Wolfram hat kein Eschenbach nötig – und Eschenbach ihn umgekehrt auch nicht.

Wer ihn zu verstehen sucht, wohnt nicht nur in Eschenbach, denn Nähe und Ferne, die Wolfram zu bieten hat, kann an jedem Erdenort als Guckkasten in ein entferntes Kunst-Universum verstanden werden, nicht nur hier zum Ruhm von Blut und Boden.«

Wolfram von Eschenbach hat in und um Eschenbach mit tief eingerammten Herkunftspfählen (Franken) seine Herkunft unmittelbar gemacht.

Wolfram von Eschenbach liegt im Raum, wie ein Jubiläum in der Zeit liegt: Der Stadtnamengebungstag »Wolframs-Eschenbach« ist der 19.05.1917, die 100-Jahrfeier.

Wer den Epiker Wolfram nachzuerzählen versucht, wird oft dadurch ein wenig mit sich vertrauter, aber auch notwendigerweise demütiger, wenn er sich seine unglaublich starke Kenntnis von menschlichen Dingen vor Augen hält.

Wolframs Grundgedanke im Parzival: Religiöser Zweifel (zwivel herzen nachgebur …) ist der Seele eines (Ritter)Mannes verderblich! Erfüllt ihn aber unverzagter Mut, so ist Hoffnung, dass er den Weg in den Himmel doch findet!

König Ludwig III. von Bayern verlieh 1917 der Stadt Eschenbach
das Recht sich »Wolframs-Eschenbach« zu nennen ...

abends, wenn in den dämmrigen basteigärten
wesen und gestalten dunkler werden,
hör' ich meinen schritt in wagners strasse gehen;
manchmal aber bleib' ich lauschend stehen,
wenn geschichten durch das dunkel fallen:
dann seufzt es
und klingt's in den stillen festungshallen,
und ich fühl' im feuchten abendweben
mich von romanischen gestalten rings umgeben.
schatten, die gelebt in frühen tagen
und der manesse antlitz tragen:
träume, die geträumt
und noch zu träumen,
wandeln sinnend
nah' den lindenbäumen.
die gedanken dann im schatten sinken,
nur noch ganz ferne widerblinken.
doch freut's mich, dass mein eschenbach,
– in milleniums frohen stunden -
den weg noch zu mir gefunden,
und jubelnd dürfen alt wie jung
in vielleicht nochmals 100 jahren
– in ehrlicher bewunderung
wiederum des weges fahren.

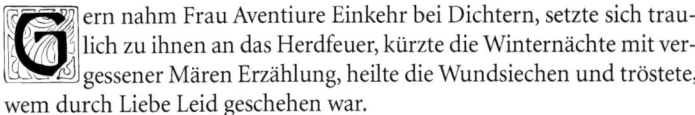ern nahm Frau Aventiure Einkehr bei Dichtern, setzte sich traulich zu ihnen an das Herdfeuer, kürzte die Winternächte mit vergessener Mären Erzählung, heilte die Wundsiechen und tröstete, wem durch Liebe Leid geschehen war.

»Tu' auf!« rief's pochend einst vor Herrn Wolframs von Eschenbach Kemenate, »tu' auf, ich will ins Herze hin zu dir!«

»Da begehrt Ihr zu engem Raume«, sprach kühl abwehrend der Überraschte, aber schwichtigend mahnte es wieder von außen: »Mein Dringen sollst du selten klagen, ich will dir nur von Wunder sagen« – und an ferneres Türabsperren war nicht mehr zu denken.

»Ja, seid Ihr's, Frau Aventiure?« grüßte der Friunt zu Pleyfelden gerührt der alten Freundin entgegen und nahm sie auf in die enge Herberge, und sie offenbarte ihm, dessen er benötigt war, des jungen Parzivals Fahrtgeschichten.

Lese nun Parzival 433, 1ff:

»Was hat der Sohn des Gahmuret erlebt, seit er von Artus ritt???« – – –

Seitdem der Geschütze Knall, der Maschinen Hammerschläge und des Dampfwagens Pfiff die Lüfte durchschüttert, ist der hehren Frau Getöse verstummt.

Das Volk kennt ihren Namen nicht mehr und fürchtet sie an manchen Orten als Gespenst, dem fürsichtige Männer den Übernamen **Romantik** erfanden und allerlei Gefährliches nachsagen. Dem Schreiber dieser Blätter hat sie sich verzeigt nach den denkwürdigen Septembertagen des Jahres 1857, da man in der Stadt Karl Augusts die Erzbilder der Heroen enthüllt hatte, die unser Jahrhundert mit dem Widerschein ihres sonnig freien Geistes durchleuchten.

Damals war dem Heimkehrenden vergönnt, in dem Sängersaal der thüringischen Landgrafenburg vor das aus schöpferischer Seele geborene Wandgemälde zu treten, in welchem Moriz von Schwind den sagenhaften Sängerwettkampf des Jahres 1207 darzustellen versucht hat.

Schon 600 Jahre früher durfte eine frühlingslustig emporgedeihende deutsche Kunst von allen Gauen und Enden des Vaterlandes her in Thüringen wie in einem natürlichen Mittelpunkt sich einnisten und unter eines geistig mitempfindenden Fürsten Schutz zu höherem Fluge die Schwingen entfalten.

Damals gedachte ich, Jos. Viktor von Scheffel: Hei, wer so viel erfahren dürfte und erführe, dass er mit den halbmythischen Schemen dieser mittelalterlichen Sänger, ihrem Leben, Fühlen und Dichten samt den starren und treibenden Kräften ihrer Epoche vertraut würde wie mit Goethes und Schillers Zeit!!!

Und langsam ehrwürdig, als hätte sie in einem Erdgeschoß des Landgrafenpalas weltentrückt wie Kaiser Rotbart im Kyffhäuser die Jahrhunderte verschlafen, kam auf den Steinstufen unter der Sängerlaube Frau Aventiure emporgestiegen und sprach:

»Vertrau' dich mir, ich führ' dich zu den anderen!!«

Und sie hat ihr Wort treulich gehalten und mich mit den Gefährten ihrer Blütetage bekannt gemacht, dass mir deren Sprache und Kunst keine Fremde mehr ist. – eine Zeit, die als Marksteine ihrer epischen Dichtung auf der einen Seite den Parzival, auf der anderen Seite das Nibelungenlied, als Zeugnis ihrer Lyrik hier den gemütreichen Erstlingstrieb des deutschen Minnesangs, dort das üppige lateinische Tirilieren der fahrenden Scholaren hinterlassen hat.

So du freudigen Sinn hast für altertümliche Weisen, so laß dich umsummen von ihrem Getön und versetze dich ein Stündlein oder zweie in luftige Träume im Rundbogenstil!«

Jos. Viktor von Scheffel im Frühjahr 1863 (»Ausgewählte Werke, Band IV, Frau Aventiure«)

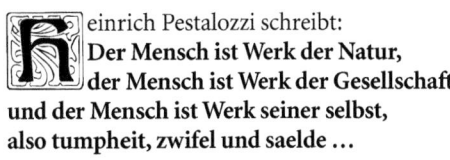
einrich Pestalozzi schreibt:
**Der Mensch ist Werk der Natur,
der Mensch ist Werk der Gesellschaft**
**und der Mensch ist Werk seiner selbst,
also tumpheit, zwifel und saelde …**

Parzivals Jugend im Wald von Soltane steht im Zeichen der **tumpheit**.

Seine **tumpheit** ist kein Naturzustand, sondern ein von KöniginMutter Herzeloyde künstlich hergestellter Zustand des Nicht-Wissens und Nicht-Verstehens.

Alles, was ein wohlgeborener Junge nach der mittelalterlichen Erziehungslehre gelernt haben sollte, wird ihm von der Mutter vorenthalten:

Die elementaren Tatsachen der christlichen Religion,

das Vermögen, Gut und Böse zu unterscheiden,

die Anfangsgürnde einer Kenntnis des Menschen und der Welt,

die Fähigkeit, mit Hilfe des Verstandes Unterscheidungen vorzunehmen.

Diese tumpheit wird ihn begleiten, unegeachtet der Kenntnisse und Erfahrungen, die er erwirbt und wird für alle Fehlhandlungen, die er begeht, verantwortlich sein.

Aus tumpheit schweigt er vor dem Gral,

aus tumpheit empört er sich gegen Gott,

aus tumpheit kämpft er am Schluss noch gegen seinen Verwandten Feirefiz.

Der tumbe Parzival wird Gralskönig, **denn nirgends steht, Parzival wurde ein wiser man.**

Aus tumpheit macht sich Parzival schuldig in seinem gewalttätigen Verhalten gegenüber der Herzogin Jeschute. Hier illustriert er seine Unfähigkeit, die Minnelehre seiner Mutter richtig anzuwenden.

Parzival

Solange ich parcival lese,

ist mir das Epos vertraut,

ist sein Inhalt mein Haus.

Schlage ich es zu,

denke ich in Leere.

Dann schweigt die Nacht,

schwarz und antwortlos.

(Verfasser Ueli Seiler-Hugova, Heinrich P)

Don't worry, be Wolfram – eine Vergegenwärtigung

Zahlreiche Wissenschaftler haben Bücher über den menschlichen Geist geschrieben und über mittelalterliche Autoren.

»Don't worry, be Wolfram ...«, meine Vergegenwärtigung, will nicht beschreiben, sondern bewirken.

Es wird Ihnen vermittelt, wie Sie die unendliche (kosmische) Lebenskraft einsetzen müssen, um Ihr Leben zum Wundersamen zu verändern.

Sie erfahren, wie Sie sich konstruktiv und erfolgreich in die Zeit Wolframs hineinversetzen und Einfluss auf Ihr eigenes Leben nehmen können.

Nach dem Erstaunen, das ich nicht verhindern will, wird Zufriedenheit und Seelenfrieden in Ihr Leben einziehen und wahrscheinlich. – – –

Sie tragen ungeahnte schöpferische Möglichkeiten in sich, die Sie durch das Kennenlernen von Wolframs Parzival anzapfen und Ihre kreativen Gaben entfalten können.

Wolfram erklärt im Parzival, wie man es bewerkstelligen kann zu Glück und Erfolg zu gelangen, denn der Parzival des Wolfram von Eschenbach ist erstaunlicherweise sehr modern – obwohl die Zeit hohes Mittelalter mit dem 12. Jahrhundert ist.

Parzival steht unter dem Motto:
»Gott hat uns gegeben
nicht den Geist der Furcht,
sondern der Kraft und der Liebe
und der Zucht (2. Thimotheus 1,7).«

Das Wappen des Wolfram von Eschenbach
nach Püterich von Reichertshausen (1462 lyrischer Bericht: Ehrenbrief)
und Wilhelm I. Kress von Kressenstein (1606 Zeichnung)

Don't Worry, be Wolfram – be Parzival ...

ein Mensch braucht Wolframs Parzival, der »Parzival« gehört aber zu den Dingen, die uns spüren lassen, dass wir mehr sein können, als nur die Nähe der Stufen nach oben zu fühlen.

I'm only the bearer of a message and doesn't need to know anymore about the meaning of his works than the bird in the sky. (Ich bin nur der Überbringer einer bestimmten Botschaft und brauche über den Inhalt seiner Werke nicht mehr zu wissen als der Vogel im Himmel.)

»Man muss das Wahre immer wiederholen, weil auch der Irrtum um uns her immer wieder gepredigt wird.« (J ,W. Goethe) meistens in Zeitungen, in Schulen und auf Universitäten, denn der »Geist ist immer noch geil«.

Wolfram vermittelt uns heute noch viele Informationen, Gestaltungsprozesse, viel Leben in seinem Parzival, Titurel und Willehalm und nicht zuletzt seiner Lyrik.

Nach der Psychologie ist LEBEN – Körper, Seele, Geist – immer gleich »ich«, also auch »er«.

G. Gurdheff behauptet: »Nur wer die Schwierigkeit des ›Erwachens‹ voll begreift, kann begreifen, dass zum Erwachen lange und harte Arbeit notwendig ist.«

Fangen wir an Wolfram zu begreifen!

Ansichtskarte:
Sängerstreit auf Wartburg,
der Sieger Wolfram vor Wartburg

Introduction to »Don't Worry, be Wolfram«, – better be Parcival!

Don't worry be Parcival!
Liest man den Parcival, erkennt man sich in vielem selbst. Wie die Elster, die sich schwarz (bös) und weiß (gut) darstellt und eine literarische Verwandlung eingeht.

Es geht sogar bis »Und ich selbst bin Parcival!« von Ehrenbürger Dekan J .B. Kurz, Titel des aufgeführten Festspiels 1921 und 1952/53 in Wolframs-Eschenbach.

In der Aventiure-Landschaft ziehe ich mit dem aufgelesenen Ich, dem Parcival, aus, die Dreidimensionalität der menschlichen Existenz und die beengende und eindeutig festgelegte Raum-Zeit-Begrenzung allen Irdischen zu durchbrechen.

Parcival wird zu dem bildnerischen Archetypus einer menschlichen Grundbefindlichkeit der im Menschen liegenden Unmöglichkeit der und der von ihm empfundenen Ungenügsamkeit.

Alle Fühlenden, wie Wolfram und sein Parcival, erleben schmerzlich die Kluft zwischen Wunsch und Möglichkeit, zwischen Wollen und Sollen, zwischen Können und Erstrebtem.

Dieser Zwiespalt bestimmt den Menschen, zwingt ihn gehen, suchen zu müssen, macht ihn zu einem Wesen, das sich selbst und seine Verhältnisse ständig transzendiert, um einen Fetzen Zufriedenheit zu erhaschen.

Parcival kämpft erst dumpf (deppenhaft) , unbewusst, ja knabenhaft gegen eine erstarrte Welt, erkennt dann, dass die Welt der äußeren und gesellschaftlichen Formen mit Seelisch-Tiefem anzuüllen sei, – von ihm?

Überleben heisst über die Dinge hinausleben in immer größere Bereiche.

Fast wie heute geht eine immanente, rein vernünftige Welt zugrunde, vermodert in sich selbst, – geht zugrunde wie die Artusrunde in ihrer Unmöglichkeit Anderes, Neues in sich einzubeziehen und aufzuziehen.

Erst der Aufbruch zum Gral, zu einer neuen Transzendentalität bringt die Wende.

Don't Worry, be Parzival!

Josef Stellwag spielte in den Wolframs-Festspielen 1952/53
»den Wolfram von Eschenbach.«
Stark war sein Armund wach war sein Geist

Holen wir Wolfram in unsere Zeit zurück?

Keine Urkunde berichtet uns vom Leben des größten mittelalterlichen Erzählers Wolfram von Eschenbach. Im ersten Jahrzehnt des 13. Jahrhunderts entstand sein größtes Werk: »**PARZIVAL**«. Es entfaltet sich vor unseren Augen das ritterliche Dasein. Eine große Anzahl Personen ritterlichen Standes, Verwandte, Freunde und Feinde Parzivals ziehen an uns vorbei.

Parzival ist von »reiner art« mit den ritterlichen Vorzügen:
Schönheit der Erscheinung, Kraft des Leibes, Mut und Entschlossenheit und vor allem der unerschütterlichen Beharrlichkeit, der »staete« – Von der Torheit zur Einsicht.

In Wolframs Rezeptionsgeschichte »Parzival«, nach Muschg ein »Weltgedicht«, zeigt sich, dass die Menschen seiner und unserer Zeit durchaus in Wolframs Sinne »einander verwandt« sind. Es herrschen ähnliche Umbruchssituationen – in ähnlichen Zeiten.

Seine »art«, seine Verhaltensweisen, ja seine Veranlagungen haben sich nicht geändert:

Seit »Adams Zeit« die gleichen inneren Menschenprobleme, beklommen machend, wenn man sich das Wolframsche Ziel der »Emporläuterung« vor Augen führt.

Es gibt aber keine Emporläuterung von Generation zu Generation.

Eine Weitergabe von Erfahrungen von Generation zu Generation ist offenbar nicht möglich: Jeder Mensch muss seine Erfahrungen von Anfang an machen.

So bleibt Parzivals Lebensweg zeitlos modern als archetypus des Lebensweges eines Menschen, der sich für seine Mitstreiter, seine Mitwelt verantwortlich fühlt, verantwortlich vor Gott, und der dieser Verantwortung nicht schon als »tumber Tor« nachkommen kann, sondern sie erst erkennt und entsprechend handelt nach einem langen, bitt'ren Weg des Lernens, der Erkenntnis, und dann über den Weg des Mitfühlens, des verwandtschaftlichen Mit-Leidens, vielleicht einer mitmenschlichen Not, vielleicht Erleichterung, – nicht Erlösung – bringen kann durch die Frage: **herre, wie stet eure not?**

Oder die nähere verwandtschaftliche Frage: **oeheim, waz wirret dir?**

Das Spiel von Fragen und das Spiel der Fragen geht weiter!

Thomas Manns Aussage gefällt: »Nur das Ausführliche ist wahrhaft unterhaltsam, – ja wahrlich mit 24.810 Versen.«

Parzival bleibt uns in der heutigen Zeit immer noch modern!

Don't worry, be Wolfram or better be Parzival

Wolfram ist so komplex,
dass man, wenn man ihn öfters liest
– und das machen immer mehr, –
neue Dinge entdeckt,
die man Vorher so noch nicht gelesen
und so noch nicht verstanden hat.

»Don't worry, be Wolfram« hat den Zweck
von Wolfram einen Eindruck zu Vermitteln,
worüber Wolfram schreibt, wie er schreibt,
wie Wolfram denkt in seiner Poesie,
in seiner Sprache .

J. V. Von Scheffel:
»Nach dem Urborn alles Schönen,
nach der Dichtung heil'gem Gral,
zieht mein abentheuernd Sehnen,
Und ich selbst bin Parzival!«

Vielleicht also besser
»Don't worry, be Parzival« ?

»heil parzival,
wir grüßen dich vereint,
denn unsre liebe gilt dem helden!
leg ab die waffen, naht dir doch kein feind.
du kannst mit deiner arme macht
den weg des heils
nicht trotzend dir erzwingen.
genieß mit uns das edelste im leben,
such' außer uns kein weitres ziel,
keinem ward höheres glück gegeben,
wie es dir endlich in den schoss dann fiel,

bald wird die gralsburg
dir die pforten öffnen
und wird dich suchen
bis in die tiefste nacht.
gralskönig wirst du sein
und endlich gnade finden.«

Handgemaltes Plakat der Wolfram-Festspiele 1952

Hört,

*die Glocken vom Münster schlagen an,
die von Sebastian folgen dann.*

*Schon Mitternachtsstunde!
Kein Laut durchdringt die Runde.*

*Plötzlich der Turmhahn knarrt,
dreht sich
und nach dem Schießweiher starrt.*

*Dort unten im Eschenbachgrunde
hört man noch Stimmengebraus –
am Unteren Tor im Zollwächterhaus.*

*Da zecht die Reservistenkompanie
Rotwein und auch Weizenbier.
Tarock und Schafskopf spielen sie –
zu zweit, zu dritt und manchmal vier.*

*Ritter Wolfram reitet derweil gelassen,
– innerlich ein wenig verwirrt –
durch Eschenbachs ihm unbekannte Gassen.*

Wo kommt er her?

Bald hört ihr mehr!

wolfram und peter

*trafen sich
aus einer andern zeit,
aus einer andern Welt.*

jeder kam aus seiner.

*die begegnung
erschien beiden
unvorstellbar,
unwirklich,
einmalig.*

*wirklich und wahr
war das,
wie wir beide
miteinander umgingen.*

*es war sicher
gut für mich,
das ich wolfram traf,*

*auch wenn die angleichung
nicht aufging.*

wolfram und ich

ich ließ mir zeit,
ihn kennen zu lernen – – –
800 jahre zeit.

zeit ließ sich mir.

unvermutet trat er hervor,
sandsteingrau,
nannte mir seinen namen:
wolveram von eschilbach.

höre wolfram:

ich hete noch vilen guoten muot
unt willic herze,
wan daz mir
daz alter grozen schaden tuot,
bin 80 unt sage,
du hast din leben gerihtet

nu mac min leben also!

und ich beschloß,
ihn zu suchen am ort der edlen retter.

Wolfram und Peter sitzen mit einander in der Halle

*des Marstallerischen Brauhauses –
der Ritter Wolfram und der F ranke Peter.
Zwischen ihnen steht auf rundem Steintisch
ein blinkender Pokal;
froh geleert strömt langsam
Gluth durch beider Adern, Gluth in den Sinn.
Als sein Auge kühner flammt
und hell'res Roth ihm die Wange überfliegt,
spricht Wolfram als Sänger:
»frischauf, nun einen sang!«
und hofft,
ihm wolle Geselligkeit und Wein
frohe Gedanken bringen
und mir dem Franken zeigen,
wie viel wert dem Meister diese Stunde:
»Wenn die Adler fliegen
hoch im lust'gen Lauf,
wacht zu kühnen Siegen
auch der Falk wohl auf.
Lässt die Blicke dringen
scharf nach Adlers Bahn,
spannt dann auch die Schwingen
zu steilen Flügen an.*

*Schwing mein Falke, schwinge
Dich empor Voll Muth!
Wird einst deine Schwinge
matt vom eignen Blut,
nun so lass dich fallen
in das Todesmeer!
Sahst doch offne Hallen
Himmelshoch und hehr!«*

*»Edler escenbach, edler Meister sprecht,
ob ich darf singen oder nicht?«
Wolfram lächelt:
»nach einem liede kann man
nicht so schnell entscheiden,
ob ihr ein Sänger seid.
euch wohnen süße laute in eurem herzen,*

die wollen gern heraus ins himmelblau,
aber nimm nicht aus meinem Worte
dir hunderttausendmal zu viel.
gehab dich fein, du armes herz,
sonst hast du noch den spott zum Schmerz.«

Ich grüße Dich, Wolfram von Eschenbach.
Ich bin ein großer Bewunderer und Kenner
Deines Parzivals und auch des Willehalms,
der leider im Schatten des Parzivals steht,
weil im Willehalm die Herrschaft des Schlachtfeldes im Vordergrund
steht.

wolfram:
»sei gegrüßt, ein dichter auch vielleicht, –
bleibe hier bei mir,
heute nacht will ich dich prüfen,
dir aus meinem leben erzählen.
weißt du zu deuten, waz mir widerfuhr,
als ich den conte du graal bekam,
und die geschichte des parzival erzählte.

hoffentlich kannst du mit der kunst,
die du gerühmt,
mich aus dem kummer meiner seele retten.
du darfst hier geselle meiner träume sein:
mit wind und wasser
und den sternen spielen
unter meinem schutz.

du hast dein ziel erreicht
mich nach eschenbach zu holen.
ich vermag dem meinen treu zu bleiben. —
höre *zu:*
ich will mit dir einkehr
in meinem herzen halten.

in meiner jugend floh ich die mutter
und der kindheit tannen, –
auf kühne taten sinnend
ritt ich im reich umher,
der aventuire nachstellend.
im ritterdienste übt ich
hieb und stich als knappe
und erhielt den ritterschlag
zu recht beschirmen
und die schwachen schützen.

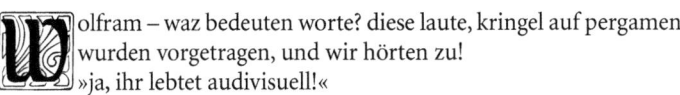olfram – waz bedeuten worte? diese laute, kringel auf pergament wurden vorgetragen, und wir hörten zu!
»ja, ihr lebtet audivisuell!«
unsere epen wie der parcival von uns vorgetragen über wochen an fürstenhöfen, auf burgen und schlössern, in festsitzungen. jeder freute sich auf die geschichte, die jeder in grundzügen schon kannte. der parcival mit 24810 Versen, von wenigen ganz gehört.

schon damals haben sich einige gefragt: »wie kann ein laut oder ein kringel auf papier etwas bedeuten?« unter »zisch« oder »knall« kann jeder sich etwas vorstellen, weiß worauf sie sich beziehen. zwischen einem wort und einer sache, deren name es ist, besteht keinerlei ähnlichkeit – jeder hat aber irgendwie kenntnis von sache/wort.

Die fragliche relation muss also von anderer art sein. wir benennen Wortarten: dinge und personen, qualitäten oder tätigkeiten, zahlen, orte oder … jeder hat ein besonderes bild vor sich, wenn er das wort parcival hört, jeder wird sich ein anderes bild vorstellen, das geheimnisvolle an der bedeutung ist, dass keiner sie lokalisieren kann, weder in der welt noch im bewusstsein, noch im losgelösten begriff oder einer idee, das hindert aber keinen daran, das wort parcival mit der gleichen bedeutung zu verwenden: **parcival ist gralskönig** – bedeutet immer dasselbe, ganz gleich, ob es wahr oder falsch ist und ob der sprecher weiß, dass es wahr oder falsch ist oder ob er es nicht weiß.

lernen wir als kind eine Sprache, werden wir an ein bestehendes system angeschlossen, in dem menschen schon zeit die gleichen Worte verwenden, um sich zu verständigen und zu verstehen.

Ich habe deshalb die bestehenden sprachensysteme auf gemeinsamkeiten untersucht und in meinem parcival erstmals verwirklicht.

in der dunkelheit
*des nicht mehr wissens
um die herkunft
begegnen wir
der irdischen existenz:*

*zeiten sind notwendig,
in denen wir
allein ganz
bei unserer seele verweilen.*

*halten wir die verbindung
zur geisteswelt
gut aufrecht
und befreien uns
dadurch
aus der materiellen
einseitigkeit:*
***don't worry,
be wolfram,***

*der über uns die räume
aufreißt und riesig macht,*

*fall auch in meine träume
in einer lichten nacht.*

*ein gedicht aus stille,
und ein lied aus licht,
aufwendig sei dein wille,
dann vergeh ich nicht.*

***er unter-** und über**legt** weiter:*
*eure zukunft
beeinflusst der mündige besucher
und leser aus unserer zeit*

wolfram – – –

*ich habe die fähigkeit
mich in gedanken
mit vielem zu beschäftigen, –
ein guter sang kann mich fesseln.*

trotzdem will ich etwas anderes.

*theorien können mich faszinieren,
das mitgehen habe ich beim »tihten« gelernt,
ich weiß etwas über froide
und bin ein guter hörer.*

trotzdem ist etwas verschüttet.

*daher will ich mir selber näher treten,
mich selbst aufspüren,
mich mit meiner gegenwart überraschen,
da ich ein fremder
in meinem eigenen haus bin.*

*ich lege das noble ab,
ich verweigere mich,
ich grenze mich ab,
nicht gegen mich,
sondern für mich.*

*ich habe kein schuldgefühl,
bei mir rührt sich etwas,
dem will ich begegnen.
in mir will leben,
was in ruhejahren gewachsen ist.
es erhebt anspruch auf mich, –
ich weiß, dass ich es entdecken muss.*

*Ich will die veränderung,
ich will loslassen,
um wieder neu umarmen zu können,
und das will ich auch wieder loslassen
in einer ständigen entwicklung auf meinen ursprung zu,
auf die neuerliche Vollkommenheit,
aus der ich komme und zu der ich gehen will*

wolfram – – –
*hier bei euch
will ich darauf besinnen,
waz mir wirklich etwas bedeutet.
Ich will sehen,
ob ich daz zu fassen kriege,
waz nur als ahnung in mir ist.*

*ich will mir näher treten,
mich selbst aufspüren,
mich mit meiner eigenen
gegenwart überraschen.*

*ich lege all die pflichten ab,
die man an mich heranträgt,
ich will nicht mehr
an regeln gebunden sein.*

*ich bin aber nicht gegen euch,
sondern für mich!*

*wortlos zu sein,
heißt schwach zu sein,
so habe ich es gelernt –
an worte zu glauben,
reden zu halten.*

*jesus sehe ich vor herodes,
vor der welt,
die worte erwartet,
und er hat keine.*

*ich will jesus
für mich sein
und mir wortlos
gegenüber stehen.*

*Ich bin aus meiner
alten haut geschlüpft
und versuche mich
an die neue zu gewöhnen.*

Es fehlt an erkenntnis über die altertümer des mittelalters, also muss ich, wolfram, diesem mangel abhelfen. die geschichte des fränkischen reiches bietet seit dem tode karls des großen bis zu philipp II. august (1180 – 1223) ein bild unablässigen kampfes der königsgewalt mit mächtigen kronvasallen. – in ihrer neuen gesinnung zeigten sich unsere dichter geneigter, sich dem artus- und gralskreise hinzuwenden und diese dichtungen der franzosen auf deutschem boden anzusiedeln, obwohl die deutsche ansicht von lehnstreue, innigerer anhänglichkeit und felsenfester pflichteifer sich widerwillig gegen den in diesen sagen vorherrschenden charakter auflehnte.

das gesamte material epischer poesie teilt sich in mehrere bald gesonderte, bald verschmolzene große massen, neben welchen das lyrische gedicht, die legende, chronik, fabel, geschichte einzelner personen wie willehalm in üppiger fülle emporwuchsen, aber wie erwähnt: nachbildungen französischer, provencalischer, englischer und niederländischer Vorbilder sind die heldengedichte.

mitten im krachen der waffen oder dem jubel der feste, im lärm prunkvoller reiterspiele feiern wir die froide des augenblickes, und meine erzählenden dichtungen wiederholen nur die heldentaten, welche die zuhörer vollbracht haben.

religion und rittertum sind die grundelemente damaligen lebens: ein jeder möge nach seinem sinn und bedürfnis aus meiner »tihtung« entnehmen, was ihm gemäß ist, und wes er bedarf, denn sie ist reich und mannigfaltig wie die schöpfungen der natur.
jeder freue sich in wahrem genuß, wenn auch nur durch die Vermittlung eurer mangelhaften Übersetzungen ins neudeutsche.

Neudeutsch kann man hören, aber die ganze moderne sprache der unteren klassen, besonders der jugend, ist schweinedumm.

Daher muss mein parcival wieder in allen schulklassen gelesen werden, um die **sprachkultur meines Zeitalters** nicht vergessen zu machen.

daher rufe ich, wie der baumeister des münsters zu bern in der steinschrift des hohen chores jeglichem zu:
macht es nach!

Glauben und Frömmigkeit im Parzival

Die katholische Kirche hatte keinen »Schwertarm« in der Stauferzeit, um gegen Häresie vorgehen zu können. Wolfram betont die Laienfrömmigkeit bei Eremit Tevrizent, – den direkten Weg zu Gott, ohne Umwege über die una sancta ecclesia. Das war für die Kirche verwerflich.

Es gibt im Parzival keine Aufforderung zum regelmäßigen Kirchgang, keine formelle Beichte oder Abendmahl, keine Erwähnung von Priestern, keine namensbenannten Kapellen, Kirchen.

Der Laie Tevrizent spricht wie ein geweihter Priester über christliche Sakramente und Dogmen, Laienbeichte, Laienkommunion, Taufe.

Dabei ist Wolfram tiefreligiös: Sein »Weg zum Heil« führt aber nicht über die Vermittlung der Kirche, wie vorgeschrieben.

In der Gralswelt spielt die Kirche keine Rolle etwa Feirefiz Taufe.

Auch heute spielt Religiosität im täglichen Leben eine untergeordnete Rolle.

Alle Menschen hängen jedoch durch Verwandtschaft miteinander zusammen. Verwandtschaft hat den Rang eines Sakramentes. Das muss Parzival lernen.

Der Laie Tevrizent erhält durch sie die priesterliche Vollmacht, den Neffen Parzival loszusprechen von seinen Sünden.

Verwandtschaft (Neffe – Onkel) befähigt Parzival den Gralskönig Anfortas von seinem Leiden zu erlösen: »oheim, waz wirret dir?«

Das Epos kommt zu einem märchenhaften Ende, als das Parzival erkennt.

»Der junge Parzival«

Wolframs Traum ...

*Du schönes Pferd
stammst aus der Burg des Heils.*

*Trage mich dorthin,
wo Wahrheit
und meiner Seele Heil
ich finde.*

*Trag mich zu Tevrizent
und seiner Klause.*

*Schreite behutsam:
Der Augenblick ist heilig
und mein entpanzert Herz
so sehr verwundbar.*

*Trag mich dann
nochmals
zu jener Burg,
hoch überm Eschenbach.*

*Dort wohnte ich
und schrieb den Parzival,
der kann
Euch Reitter lehren.*

führte ihn zu uns!

Jung-Parzival
Minnebewährungsritter

Höre Wolfram ...

*Du bist kein Mann aus meiner Zeit
und meinem Vaterlande.
Mir ist's, als ob ich weltenweit
nie deinesgleichen kannte.*

*Wie sich einst Weisheit mit Kraft gepaart,
spür ich im Parzival aus Lieb und Hadern:
Du bist ein Franke, fränkisch Deine Art
und edles Frankenblut in Deinen Adern.*

*Ich hab von Dir, dem meine Seel' anhing,
das Frankenland ganz neu empfangen,
den Weg, den Parzival Karfreitag ging,
bin ich oft gläubig nachgegangen.*

*Noch immer wächst hier Baum bei Baum
und golden Frankens Felder prangen.
Dein Lieb, Dein Glück, Dein Traum
sind nicht ganz still vergangen.*

*Es hat die Zeit im Weltgetriebe
Parzivals Wesen nicht zerdrückt,
sondern eines großen Dichters Liebe
heut noch ganz nach vorn gerückt.*

*Du bist gealtert und schon lang gegangen,
in unsern Herzen aber bleibst Du jung.
Wie Deine Lieder Lieb besangen,
erhält uns die Erinnerung.*

*Der Sonne goldene Hüllen
sinken auf der Wälder schwarzes Joch,
und ich denke mir im Stillen:
»Nach dieser Begegnung bin ich der alte noch?«*

Wolfram empört über den verfall der kunst,
*vermißt den geistig-schöpferischen ausdruck
der staufischen ritterwelt.*

ritterliches singen

*weh dass bäuerlich rohe töne
nun in eschenbach euch bezwingen
oh dass sie got mit schanden löhne!*

*weh dass so die kunst darniederliegt.
das bereitet allen Sängern pein:
mißgunst tun hast obsiegt.*

*wer uns die kunst wiederbrächte
die da recht und edel wäre
hei – wie dem man rühmend dächte
wenn von ihm erkläng die märe!
ja der hätte ritterlichen mut
will auf ihn zu hoffen nimmer ruhn
frouwen und herren ehrte solches tun.*

*die unser edles singen stören,
deren sind nun gar vil mehre –
als die es mit wonne hören.
drum folg ich einer alten lehre:
sänger, in der mühle singe nie,
wo der stein so rauschend um sich schwingt
und das rad so raue weisen singt
ja wer möchte harfen hie.*

*lachen muß ich wohl vor grimme,
daß sie selbst sich wohl gefallen,
die die bäuerisch rohe stimme
so verderblich lassen schallen.*

*wer die roheit schweigen hieße
und sie von den burgen stieße
daß sie dort die lust nicht zwänge
hei wie selig man dann sänge.*

wolfram, ich habe euch
aus der Vergangenheit wichtiges zu sagen

hört mir jetzt zu und achtet auf meine worte:
zu meiner zeit ein reitter johannes war,
der prophezeite groß gefahr,
der menschheit von got abgewandt
sie nicht mehr gnade bei ihm fand.
johannes sieht es klar,
vielleicht die mühe nicht vergebens war.
got schenkt vielleicht uns sein erbarmen,
später könnt in freude ihr euch umarmen,
euer wille, der in demut klein,
got möchtet ihr gar reine diener sein

es muss geschehen
zu wirken eure läuterung:
die väterliche züchtigung

es wird eine andere welt sein.
wie ein wildes pferd
wird ein jeder herumirren ohne halt,
ohne führung in alle richtungen gehen,
unglück dem reitter, der dieses pferd lenkt.
er wird keine Steigbügel haben
und in den graben stürzen.

eine eiserne faust wird nötig sein,
damit wieder ordnung
in das chaos kommt und der mensch
den rechten weg wieder findet.

der mensch muß verstehen lernen,
dass er nicht zerstören darf,
sondern neu beginnen muß –
durch veränderung zum guten.

ört vom »**buoch der prophezeiungen** eines großen sehers für das dritte jahrtausend« mein 11. jahrhundert – euer 21. vor etwa 1000 jahren wurde in der nähe des benedektinerklosters von Vezelay, von dem geschrieben steht, es habe reliquien der Maria Magdalena im besitz ein kind geboren, getauft auf den namen Johannes.

nur eingeweihten war über jahrhunderte seine existenz und sein schicksal bekannt das buch der prophezeiungen besser als geheimprotokoll der prophezeiungen bekannt tauchte im 14. jahrhundert aus der versenkung auf mir schon seit dem 12. jahrhundert bekannt.

»wenn das jahrtausend nach dem jahrtausend beginnt«, Johannes von Jerusalem war der 7. von 8 **Reittern**, die sich um 1119 um Hugo von Payens scharten, um die »**templeisen**« zu gründen, die ich im **parcival** erwähne.

»Johannes von Jerusalem, kind des klosters, sohn von Burgund, soldat auf heiligem boden« während seines aufenthaltes in Jerusalem verfasste er das buoch der prophezeiungen mit brandaktuellen Vorhersagen für euer jahrtausend von dem Buch ließ er 7 abschriften anfertigen drei hantschriften seines buoches vertraute er dem großmeister an die andern 4 behielt Johannes von Jerusalem vermutlich hat er sie jenen meistern der erkenntnis überreicht, die ihm das tor zu den mysterien der Zukunft geöffnet hatten das schicksal jedes einzelnen der 7 hantschriften ist außerordentlich und geheimnisvoll prophezeiung No 9 aus dem buoch

»wenn das jahrtausend beginnt das nach dem jahrtausend kommt
werden die menschen richten nach ihrem blut und ihrem glauben
niemand wird die leidenden kinder hören
sie werden wie junge vögel aus dem nest gestoßen
niemand wird sie beschützen vor der hand mit dem panzerhandschuh
der haß wird die erde überfluten die sich friedlich glaubte
die erde wird nackt und unfruchtbar sein
die luft wird brennen
und das wasser übel riechen (Fukoshima)
das leben wird welken
denn der mensch
wird den reichtum der welt ausgeschöpft haben
der mensch wird einsam sein in seinem haß«

ch Wolfram sage: Ein geistiges Erlebnis, ja der Sinn oder der Klang eines einzigen Wortes kann Anlass zu einer lyrischen Dichtung werden, wie mein Par-ci-val.
Ein Erlebnis ist immer persönlich (subjektiv).

Äußere Sachverhalte wiederzugeben, ist das Ziel einer lyrischen Dichtung nicht, sondern die innere Wirklichkeit zu erfassen. So war es!

Aber vor dem neuen, inneren Erleben eurer Zeit versagt die bisherige Sprache – jene Sprache, die ich, Wolfram von Eschenbach so meisterhaft beherrschte und verbreitete.

So wird die Sprache eurer Zeit scheitern und in Sprachlosigkeit enden. Eure Dichter sprechen oft vom Unnennbaren, vom Namenlosen:

>»Was wir besiegen, ist das Kleine,
>und der Erfolg selbst macht uns klein.
>Das Ewige und das Ungemeine
>will nicht von uns gebogen sein!«
>R. M. Rilke 1875 – 1936

Ja, noch nie waren die Schwierigkeiten dichterischer Aussage so groß wie bei Euch! Bisher hat die große Dichtung stets nur annähernd inneres Erleben gebracht.

Herzenshärtigkeit habe ich parcival nicht nachgesagt, da er vom tode seiner muoter nichts ahnt. er denkt an sie als lebende! verlässt sin wip condwirarmurs und gelangt unwissentlich zum gral, um dort ebenfalls zu versagen.

erst nach viereinhalb jahr gelangt er zu tevrizent und lernt dort, ein man der sünde zu sein. er übt das leben mit der schuld: das hinstürmen an den artushof, den tod der mutter unwissentlich verschuldend, tötet den verwandten ither, vom artushof ermuntert, verlängert das leiden des anfortas durch schweigen.

später verwechselt er den gawan, knappen verhindern dessen tod durch rufen seines namens, zerbrechen seines schwertes verhindert das töten des halbbruders feirefiz.

die bittere erfahrung eigener ohnmacht macht ihn im geiste frei und lässt ihn die anfortas erlösenden worte sprechen.

er kommt zu sich durch das eingeständnis und wachsende bewusstsein seiner schuld und der andauernden anfälligkeit dafür.

Parcival entsagt mit:

> *»ich habe meinen got gefunden*
> *und will ihn aushalten,*
> *weil got sagt:*
> *ich will dein leben*
> *nicht deinen tod.«*

wolfram – – –

*ihr solltet lernen
meinen parcival
in meinem teutsch zu lesen,
um die tiefe bedeutung
meiner aussagen zu verstehen –
wie* **triuwe unt warheit,**
*eure Worte
für treue und Wahrheit.*

*ab 1150 entwickelt sich
im abendländischen bewußtsein
neben dem* **ich** *das* **du**,
*das wip als verehrungswürdiges wesen
und in triuwe und warheit
spielt die bedeutung liebe
als abbild der göttlichen liebe.*

*in die minnedichtung spielt
also der religiöse aspekt mit hinein.
im parcival neben der gralssuche
ist die tiefe verbundenheit
zu condwirarmurs wichtig. –*

*die irdische liebe in der ehe
ist abbild der göttlichen liebe! –
triuwe zu got
steht triuwe zum menschen
gleichwertig gegenüber!*

*die auffallende ähnlichkeit
von sigune und schionatulander
im parcival und titurel
zu den pieta-darstellungen
ist eine konkretisierung des urbildes,*

*in der ein teil des urbildes
selbst zum abbild wird –
göttliche und menschliche triuwe
verschränken sich.*

Parzival – König des Grals

Parzival will Gott schauen von Angesicht zu Angesicht. Aber da sich Gott von ihm nicht gleich finden lässt, verfällt er in Zweifel und Trotz und glaubt durch gewaltige Heldentaten ihn bezwingen zu können. Das ist seine große Schuld, und dafür muss er viel leiden.

Bis endlich nach langer Irrfahrt der weise Tevrizent ihn zu der Erkenntnis führt: Nicht allein ritterliche Taten führen zu Gott! Wer Gott finden will, muss unter schwersten Schicksalsschlägen fest zu Gott stehen und nicht im Glauben wanken.

Parzival muss in Demut und Geduld warten, bis Gott ihm seine Hand entgegenstreckt. Das lernt Parzival und wird zur höchsten Ritterwürde, – zum König des Grals berufen.

Jeder Mensch, der mit heiligem Ernst und inbrünstigem Verlangen Gott sucht, wird wie Parzival das große Ziel erreichen, wenn er allzeit die Worte des Tevrizent beherzigt:

> *»Wo Zweifel nah dem Herzen wohnt,*
> *da ist der Seele schlecht gelohnt,*
> *drum halt am ernsten Streben fest*
> *mit starken unverzagten Sinnen!*
> *Wer nicht von zuht und triuwe lässt:*
> *Heil ihm!*
> *Er wird den Gral gewinnen!«*
> (nach Gustav Schalk 1912)

parcival – – –

        verwundeter vogel
        die füße am boden

        die verse
        die seiten fliegen
        in alle winde davon

        der vogel sieht sie
        und kann nicht folgen – – –

        die zeit verstreicht
        mit den anderen
        zu ziehen

Suddenly don't worry: *BE THE KING OF GRAIL!*

Einfallslos wäre Parcivals Leben gewesen, hätte sich nicht Sehnen, – nach dem Besuch der Gralsburg –, starkes Sehnen nach got bemerkbar gemacht, machte sich im Kopf als Funktion, als volles Recht bemerkbar. Der Sehnsucht wuchsen Flügel, trugen langsam zum Sieg, Hoffnung auf Er-wartung, Er-füllung.

Möge der Gral nachhelfen? Was soll er sonst tun?

Dann fällt Wissen ein, denn Hilfe kommt nicht so, wie erhofft. Begehren, das sich Wehren kann endlich Ruhe bringen, Können gibt Sicherheit dem unruhigen Geist.

Parcival fasste es in Worte, was er nicht wusste, auch nicht glaubte, nicht für möglich hielt; Vergangenheit hüllte ihn in ihr Nachtgewand, präsentierte ihm, was längst vergessen.

Tevrizent förderte zutage dem Parcival, was gebraucht wurde, um Verhülltes zu richten, bis er gewählt werden werde.

Dann kam der Triumph, sprengte alle seine Fesseln, ließ ihn verwöhnen.

ER will sein zweites Leben:
YOU 'LL BE ThE KING OF GRAIL.

wenn ich,
wolfram aus eschenbach,

*bedenke,
was ich einst war
und etzo bin,*

ist all mein lebenslust dahin.

*wars nicht ein jammer,
wars nicht arge not,
dass ich ihn täglich
fürchten musst den tod?*

*ich hab zu schwer gefehlt,
zu oft geirrt,
als daz mir nun
ein neues leben wird.*

*Wer edel sich beträgt,
den will ich adlig nennen!
nur an der urkund
lässt sich der adel
nicht erkennen.*

*den mann,
der redlich
seine hände regt,
rechtschaffen
seines lebens bürde trägt, –*

so einen heiß ich edel.

*sei er von adel
auch nicht gebor'n!*

ich sage euch:

dreifache minne lodert durch die zeit.

liebe, die von mensch zu mensch entbrennt,
liebe zur natur, zum element
und liebe zu got und seiner ewigkeit

hier erde,
himmel da,
dort jene kraft,
mit der wir einer höheren welt gehören,
dem meer, dem wald,
der nacht, den sternensphären.

dreifach gespalten – eine leidenschaft.
dreifach getönt – ein rauschender akkord.
dreifach gebrochen – eine blendung.

drei geheimnisse:
doch eines. keins.
das wahre.

das in uns ewige und offenbare,
das letzte verstummen und der erste schrei.

Wiedergeburt!

zwivel ist angebracht –
    ich kann nicht sagen,
    ob euer neues leben
    besser sein wird,
  wenn ihr euch ändern werdet.

   aber eins kann ich sagen:
   es muss anders werden,
    wenn euer leben
   wieder gut werden soll.

    ihr dürft sein
   bunt, frisch, aufmüpfig,
   ein wenig liederlich,
    total frech

 kein, ihr sollt so werden wie wir,
  denn wir sind reitter.
 eure sprachlichen schlampereien
werden nicht im minnesang landen.

  ihr habt das gesetz der zeit
    auf eurer seite
  und längst neue erdacht.

 eure weisheit jagt mich schon,
   doch ich bin schneller.
immer wieder höre ich absurditäten:
  lieber western als ostern

    ihr sagt,
   in eurem fränkisch:
   ihr schnallt das

  schnallen zwängen ein,
    umgürteln

    sagt klar,
   daß ihr wißt,
   was ihr wollt

vom winde
zerzaust und
von der sonne
umschmeichelt
reitet er
durch flüsse
und wälder
dorthin
wo die damen
auf den burgen
zur minne bereit

wolfram
der minnesänger

für seine zeit
und unser
gedenken

Fragen, nichts als Fragen: »Wer nicht fragt, wird nie erwachsen!« Oder doch? Oder doch nicht? Nicht vergessen sollte man die Obszönität der Frage: »herre, wie steht iwer not?«, »mein Herr, wie geht es Euch?«

Diese Frage hätte Parzival auf der Gralsburg dem kranken Gralskönig Anfortas stellen sollen, um ihn gesunden zu lassen, – hat sich aber nicht getraut.

Gegenfrage: Hätte der junge Ritter Parzival **dumm-dreist** den kastrierten Gralskönig Anfortas öffentlich fragen sollen: »Mein Herr, wie geht's Euch??«, der immerhin das höchste Amt in der Christenheit innehatte.

Kaum vorstellbar. Es spricht positiv für die nächste Generation Parzival, dass er nicht gefragt hat.

Bleibt ein liebestoller und für seine Liebestollheit kastrierter Gralskönig nach seiner Heilung Gralskönig?

Die zu stellende Frage war eine **Machtfrage**, nicht eine **Mitleidsfrage**! (Die Worte mitleiden und Mitleid gibt es zur Zeit Wolframs noch nicht!)

Nach 5 Jahren Gottessuche, – ohne die – ohnehin nicht 2x zu stellende Frage, zeigt der Gral an: **Parzival ist zum Gralskönig berufen!**

Er darf Condwiramurs und seine Zwillinge Kardeisz und Lohenrangin mit an den Gralshof bringen.

Damit ist Gralskönig Anfortas abgelöst, und Parzival braucht sich nicht mehr dem **kranken Gralskönig**, nur noch dem kranken **Menschen** Anfortas zu zuwenden und fragen: »**Oheim**, waz wirret **dir**?« (Das ist die Gnade Gottes, die Parzival, dem wahrscheinlich Geläuterten noch eine Fragechance gibt.)

Hier geschieht unverhofftes, unverdientes und unverdienbares Gelingen ...

War damit Anfortas gemeint, seine Heilung? Der konnte nicht mehr damit rechnen zu gesunden!

Anfortas ist auf der Stelle gesund ... und fröhlicher ... und schöner als zuvor!??! Ist er froh kein Gralskönig mehr zu sein??? Lieber gesunder Rittersmann als kranker Gralskönig???

Und ... die Gnade Gottes regelt die Stabilität der genealogischen Macht!!!

Verwirrung pur — durch die Verquickung von Erlösung und Ablösung des Königs, hier in einer Person der heilige Körper des Amtsinhabers und der heillose Körper des Menschen!

Unverhofftes, unverdientes und unverdienbares Gelingen!

War damit Parzivals Berufung gemeint? Aber Parzival war ja sowieso der Einzige und einzig Infragekommende in der Genealogie!

Man kann es drehen und wenden, wie man will!!! Hier finden wir wieder Wolframs allgegenwärtigen Witz bis hin zum Hohn über **den Umgang** seiner Ritter, seiner Könige, seiner Gralsgottheit **mit der Macht!** (**gelesen in** Karl Bertau: »Frouwe, wie stet iwer not?«, Seite l4)

»**herre, wie stet iwer not?**« – – – ist die erwartete Parzivalfrage an den Gralskönig. Eine **Macht**frage??? Eine **Mitleids**frage??? Klar ist mir geworden, dass kaum ein Autor sich so intensiv mit diesem Thema befasst wie Wolfram von Eschenbach in seinem Parzival, – nämlich Fragen zu unterlassen!!!

Am Ende des Parzivals wird Parzival zwar nicht sicher sein, dass er jetzt als Gralskönig seine Wege selbst bestimmt, aber er wird ein verstehend-souveränes Gefühl entwickelt haben, Fragen zu stellen, auch wenn es verboten ist, **und Fragen nicht so zu stellen, wie es erwartet wird.**

»herre, wie stet iwer not?« Diese Frage hätte der junge, tumbe Parzival dem großmächtigen Gralskönig Anfortas stellen sollen, um ihn gesund zu machen, von seiner Wunde am Hoden zu heilen, – – – hat sich aber nicht getraut.

Im Einleitungssatz des Museumsfaltprospektes in Wolframs-Eschenbach heißt es: »Ohne Fragen kein Antworten und kein Erklären. Fragen entdecken ist der Anfang allen Wissens!«

Wer fragt, hat oder nimmt sich die Macht zu fragen. Wer fragt, stellt den Gefragten in Frage. Er muss darauf reagieren, kann die Antwort verweigern. Parzival wartet ab, man würde ihm schon erklären, was er wissen müsste.

Aber so erwirbt man sich keine Macht.

Das ödipale Prinzip war zwar vom Totschlagen in Lebenlassen verwandelt worden.

Dem König des gottgesteuerten Grals eine Frage zu stellen, eben die Frage, ist der humanisierte Vater- und Königsmord (Majestätsbeleidigung) nach Joachim Bumke.

Es wird vom Wolfram nicht erzählt, warum der Gral so starrsinnig darauf besteht, dass der König, bevor er entlassen wird, gedemütigt wird und in seiner Heilung diese Demütigung als entthronter Grals-König bis an sein Lebensende tragen muss.

(Entlassung in den Ruhestand statt ehrenhaften Tod ist für Krieger-, Ritter immer äußerst demütigend) = Titurel-Syndrom

Parzival wird von der Gralischen Welt für sein Versagen verflucht, auch in der Arturischen Welt.

Man stelle sich vor: Alle, einschließlich kastrierter Gralskönig haben auf die Frage gewartet: »herre, wie stet eure not?«

Es spricht für Parzival als nächste Generation, dass er nicht gefragt hat!!!

Eindeutig eine **MACHTFRAGE** und nicht **Mitleidsfrage** (mhd. gab es kein Wort für Mitleid, war außerdem für Ritter nicht angemessen)

Der Gral zeigt nach 5 Jahren Läuterung an, dass Parzival zum König berufen ist.

Er fragt nun den Königsonkel. »Oheim, was intrigiert Dich?«

Anfortas ist auf der Stelle gesund, **schöner, jünger als vorher** –unter dem Motto: Lieber gesunder Rittersmann als kranker Gralskönig??

So ist Wolframs allgegenwärtiger Witz, bis hin zum Hohn über den Umgang seiner Ritter, Könige und der Gralsgottheit mit der Macht noch heute gegenwärtig.

Nach Heinrich Pestalozzi ist der Mensch Werk der Natur, Werk der Gesellschaft und seiner **selbst**, ausgedrückt in **tumpheit, zwivel und saelde**.

Meine Lyrik
auf die Heimatstadt
des Epikers und Minnesängers
Wolfram von Eschenbach …

Wie entsteht sie?
Sie nimmt Gestalt an
in meinem Wunschdenken,
in meiner Vorstellung,
entwickelt (hoffentlich)
ihren Geist, ihre Seele,
Sie braucht eine
von mir bestimmte Form-Gestalt,
doch nicht unbedingt Grenzen …

Höre wolfram:
»ir sult spreken willekomen,
der iu maere bringet,
daz bin ich!«

»Ihr sollt mich willkommen heißen,
der Euch gute Kunde bringt,
das bin ich!«

Auf meinem frühen Weg
lag die Lyrik.
Ich brauchte
sie nur aufzuheben
und ihr zu dienen.

Mein Weg
ist jetzt zwar
schmaler geworden,
eine übersehbare Gasse.

am Abend
hängt sie dennoch
immer
in der Sonne.

Prächtiges Wolframs-Eschenbach

*Wild und groß
war einst mein Rausch
in der Großstadtseele.
Heute ganz allmächtig:
Eschenbach ist meine Stadt.*

*Auf dem Literaturweg rund um die Stadt
schaut blau der Herbst
in den Sommer hinein.
Schweigen hängt
über wehrhaften Mauern,
spielt mit letzten Schatten,
die zwei Türme beleben,
ehe es Abend wird.*

*Kurze Rast
unter mächtigen Linden.*

*Gesang in uralten Kronen.
Im Blättersäuseln höre ich
die Füße der Zeit laufen.
Das Säuseln lullt
den Wanderer ein nach Wegen,
die müde machen,
an denen Sühnekreuze steh'n
und windflimmernder Klee.*

Wolframs-Eschenbach, Du meine Stadt ...

Dich altes Städtchen hat mein Weg berührt,
mit Lebensraum in dunklen Häusermassen,
mit Wolframs-Markt, Münster
und kleinen Liebesgassen,
mit »Alte Vogtei«,
wo mich der Wein verführt.

Du hüllst Dich ein in Deine Alltagszwänge
und siehst mir nach aus mancher Fensterenge:
Bis eingesunkne Ferne, Nebelhauch,
den Weg birgt, der mich zu Dir führt,
wo sich der Rauch
heimatlich um Turm und Dächer legt.

Ich seh' zurück, wie allmählich er verschwind',
wie sich der Dunst um seine Mauern wind',
der in dem Städtchen bleibt, ohn' sich zu heben.
Hinter mir liegt ein enges Leben,
das an den Häusern hängt und alten Herden,
wie dämmerungsstilles, sel'ges Abendwerden.

Bin Franke jetzt und leb in meiner Kemenat,
bin nicht mehr Niedersachse oder Welfe,
nur stiller Künstler, der sein Bestes tat,
versonnend wartend, bis der Himmel helfe.

Eschenbacher Prachtstrasse

*Die Hauptstrasse stellt sich
dem Schauenden entgegen,
parkende Autos einengen das Bild.
Fachwerk verwittert in zögerndem Nähern,
Mittelalter im Korridor der Zeit.*

*Wasser rieselt aus Schwänen
und »gibt dem Leben Kraft«
sagt Wolfram.
Über Zeitensprünge Stimmengewirr!
Mediterrane Leichtigkeit
atmet auch hier mittelalterliche Sinnlichkeit,
aus modernem Fachwerk strömt minne!*

*Gäste mit Disziplin,
manche rucksackbepackt,
Verschwitzte und fein Geschminkte, –*

moderne Ritter
suchen den Wolfram
auf dem schmalen Grat der Erwartung
und finden Parzival,
Gral, Artushof,
»minne unt triuwe« –
und die Deutschen Ritter,
die Ritter des Herrn.

Führer,
nicht immer dreisprachig,
aber durchaus europäisch gesinnt,
erhellen Kennworte.

Um 1 Uhr mittags
stehen die Zeiger des Münsters
auf Licht.

Schau doch mal wieder hin …

Peter D's Lebensweg

*Mein Lebensweg ist ein Gleiten
über die weiten
Flächen der Endlichkeiten.*

*Ich habe fast vergessen,
welche Namen die Orte
meiner Jugend hatten?
Lübeck, Brake, Bremen.
Die Namen, die danach kamen,
fremdere noch:
Kiel, Freiburg, Mailand.*

*Nun Wolframs-Eschenbach,
und die Nacht in Sicht.
Zwei Türme auf uralten Mauern, –
sie atmen Frieden.*

*Beseelte Vergangenheit,
wohin ich schaue:
Deutschordensschloß,
Alte Vogtei, Hohes Haus – – –
erstarrte Formen,
taubgewordene Lehren.*

*»Das Liebfrauenmünster zeigt
in allem Glauben
steingewordenen Gottesglauben.«*

*Alle Dinge ruhen in sich selbst,
und der Abend wölbt
sich große Wunder
über die Hauptstraße.*

Himmlisches Jerusalem,
das Liebfrauenmünster

Auf meinem Wege
durch die Stadt
lieb ich den Sandsteinbau
des Münsters:
Hochmittelalter.

In seine Sandsteinröte webt
sich mit Grau
das Fernenblau des Turms.
Am Chor ein bunt Geschachtel klebt,
zweckvoll-gotisch dran,
indes der Turm
himmlisch zur Höhe strebt.

Ein Linienspiel
aus dessen Nüchternheit
uns anspricht
die Bauidee
damaliger Zeit.

So zwischen Stein und Fachwerk schwebend
wird meine Seele flügelweit:
Ich lausche da,
vor Erdenglück erbebend,
dem leisen Rauschen
der Unendlichkeit.

Im Eschenbacher Liebfrauenmünster

zünde ich ein Licht an,
bete für meine Frau
und meine Verstorbenen
da höre ich eine Stimme:
»Hörst Du mich?«
Ich schaue auf, –
schaue auf die Pieta,
Altar im Licht …
Christus *in den Armen*
der Gottesmutter spricht zu mir,
ewigruhig mich durchdringend.
ER schaut mich an –
mit geöffneten Augen.
ER spricht zu mir
aus den Armen seiner Mutter -
von oben nach unten,
von IHM zu mir:
»Wer bist du?«

»Ich bin nichts!«

Christus:
»Dann bleibe es!
Die Seele erschafft die Welt!
Lebe deine Demut,
nicht deinen Ehrgeiz!«

Ich schaue
in das Licht der Kerze,
warte, bis ich ruhig geworden bin,
sehe das Leid der Gottesmutter,
die ewige Ruhe Gottes
– und bleibe nichts,
vertrauend darauf,
dass mein Glaube wächst;

ein Teil von mir jetzt
erfahren und erhofft …

Ihr kniet am Gral
– lange schon –
Parzival und Anfortas,
erlebt die Karfreitagstaube
mit der Hostie,
die sich in den Gral senkt.
Licht tritt in uns ein.

Strahlend der Gral,
den ich brauche,
den ich lebe,
den ich ein wenig spüre – oft,
für den Sprache nicht reicht.

Strahlend der Gral,
unleserlich die Schrift:
»Du bist nahe den Gebeinen
des großen Dichters.«

Blicke schlachten das Wunder,
Worte werden fremd.
Schmerzlich verklungen
der Sang des Epikers:
»Wanderer halte still –
an dieser ewigen Andacht.«

Ausschnitt aus dem Epitaph im Liebfrauenmünster

Eschenbacher Advent

*Adventsengel
in der kleinen Fränkischen Stadt,
umgeben von buntem Sandstein,
geschützt von viel Fachwerk.*

Lichterschein.

*Vier Engel umstehen den Wolfram
mit gefalteten Flügeln
und behüten uns
in der Vorweihnachtszeit.*

*Im Dom der lichten Engel
sinnt schweigend Wolfram
über den Wechsel der Zeiten.*

*Die alten Fragen
an das Leben
werden auch die neuen sein:*

Gesegnete Weihnachten!
      pdreyling

Lieben höchster Adel

*Nach Jahrzehnten
der Einsamkeit
erblicke ich
DICH
von der Zinne meines bejahrten Turms,
erblicke DICH in der Au des Eschenbachs,
DICH, eine Rose,
deren Haut in Blüte steht,
weich, samtig, lockend.*

*Aus Deinem Herzen
windet sich langsam
die rote, adlige Blume.*

*Du ziehst mich
aus dem Winter
meiner Jahre
und tauchst mich ein
in Deinen Sommer.*

*Ich verliebe mich
und weiß:
»Lieben ist höchster Adel!«*

*Eilends verlasse ich meinen Turm
– – – und erwache.*

*Auf meiner Haut duftet
noch die Rose Deiner Hand.*

*Ich suche DICH
und halte mich bereit.
Komm, –
und ich blühe auch.*

wolframs weg

den weg den er so sehr geliebt,
den gibt's nicht mehr.
man hat ihn kultiviert.
autos rollen drüber her.

es fallen seine Schatten
auf fremder wegespur.
nur eine amsel flötet
eine hohe partitur.

es leuchten hell die sterne
gruß der unendlichkeit
Wolfram hält im »tihten« inne
zu lob und dank bereit.

eschenbach im nebel

nebel
der eschenbach die türme nimmt
und nimmersatt
die häuser und die gassen
nebel
verstummt die stadt
die lichter wie erloschen

ich aber bin des nebels kind
der ruhe gibt und schutz
und nimmt mich auf

ja ich bin des nebels kind
unsichtbar geworden
fernab von hell und laut
bin ich geborgen
im andern sein

Platz der Waffen

Friedlich leben wir
heute
auf einem
»Platz der Waffen«,
heraus aus dem Chaos
der Jahrhunderte

Sandstein,
bunter Sandstein
in der Stadt vrbaut,
Fundament alter Geschichte.

Wir schicken eine Ansichtskarte
in die Welt.

Manchmal muss ich lächeln,
wenn ich mir vorstelle,
wie heute ein Fotograf
den Stock des Büttels zu spüren bekäme.

Der Vogt hatte ein scharfes Gedächtnis,
bewahrte Namen und Einzelheiten
sorgfältig wie seltene Andenken auf:
Agnes Stöcklin, Hans Steinlein.

Mit dieser Erinnerung
unmöglich
durch die Zeiten
zu lächeln.

Eschenbacher Steinkreuze

*Am Wegesrand
gleich vor der Stadt,
setzen ungefüge Kreuze
Beziehungen ins Bild
Wie düstere Augen starren
die sieben Steinrunden,
blühen traurige Augen.*

Zigeunerkreuze?

*Sie wecken Angst
und Schuldgefühl:
suchen Fragen
ihre Antworten*

Sühnekreuze?

*Am Wegesrand
lässt Einsamkeit
Verletzlichkeit empfinden,
Erkenntnis wachsen.*

Zigeunerkreuze?

*Sie rufen Sehnsucht wach,
nicht nach Vergangenheit,
nach Wärme, Helle,
Friedlichkeit*

Ackerkreuze!

*Hier schafft
sich Frieden
in sieben Kreuzen
sein Zuhause.*

Die »Zigeunerkreuze« von Wolfram-Eschenbach
größtes »Steinkreuznest« in Bayern, zwei von sieben

Eschenbacher
LYRIKbaum. . . .
nach Eduard Mörike

Du bist Orplid
      der Baum
            der ferne leuchtet
vom Walde dampfet
      wie besonnter Traum
            der Nebel
    so der Götter Wange feuchtet

***Frohe Pfingsten
an meinem Lyrikbaum
auf dem Poetenpfad Frankens***

*Leben aus unverbrauchten Quellen–
Baum mit Blüten,
Ästen, Wolken, Früchten
und
Lyrik mit Versen,
Wörtern, Leidenschaft
verbinde ich
zu einem Erlebnis von Natur und Poesie,
verweise auf den Rhythmus der göttlichen Natur.*

*Innehalten in dieser Natur
und durch Lesen
den eigenen Lebenstakt (wieder)finden.
Sturm, Sonne, Regen
und schnelle rhythmische Wortklänge
fließen in meinen Lyrikbaum ein.*

*Schweigen am Baum – – –
Alle Hektik beiseitelegen,
Alles Schwatzen einstellen,
Laute Geräusche meiden:*
***Herr,
ich weiß,***
*daß DU bei mir bist.
DU gewährst mir
den neuen Morgen,
den Mut
heiter und gelassen
in den Tag zu gehen.*

*2017 versuchen:
Das Nicht-Hörbare zu hören
und das Nicht-Sehbare zu sehen,
dabei möglichst der zu sein,
der du und ich sind.*

Soll ich die Welt anhalten
*und mich einlassen
auf die uralte Sehnsucht –
die Stille?*

*Soll ich mich zurückziehen
vom Wortmüll,
von der Hetzjagd des Tages,
vom Termindruck des Berufs?*

*Ich tauche ein
und lass mich fallen,
versenke mich
in die Stille!*

*Denn Stille ist
Ruhe und Schweigen,
Aufatmen und Entrückung.*

*In-sich-gehen und Meditation
ist
mein Frieden der Seele,
hier in Wolframs-Eschenbach.*

wolfram –
***ich gehe zurück** in meine welt, –*

hier haben wir nichts gemeinsam.

*»Oh Wolfram aus Eschenbach,
wir brauchen Dich in unserer Welt.
Während die Welt im Terror des Islam versinkt,
schreibe ich Liebesgedichte
an Deinem Brunnen,
stille an ihm meinen Durst,
des Wassers Herkunft
in mich aufnehmend!*

Höre Deine Worte: .
**vom wasser kommt der bäume saft
befruchrend gibt das wasser kmft
aller creatur der welt.**

*Heute sind wir
in unserer Unzulänglichkeit
wieder auf DICH angewiesen,
brauchen den Zündstoff des frühen 13. Jahrhunderts
gegen den Terror der Welt*

*Du bist dem Terror der Kreuzzüge entgegengetreten,
verlangtest Toleranz und Gleichberechtigung der Heiden.*

*Verschaff uns den Beistand der Templeisen,
die in sich vereinen
die Sanftmut des Mönchs
mit der Kühnheit des Löwen.*

***Gyburc**, Willehalms wip,
lässt Du vor dem Rat der Fürsten sagen:
»was euch die heiden auch getan,
ihr sollt erinnern euch daran,
dass got auch denen hat vergeben
die ihm am kreuz geraubt das leben.«*

*Bleib bei uns,
und hilf uns das zu verstehen.*

wolfram –
ich gehe jetzt!!!

wenigstens habe ich gespürt,
was ich nicht fassen konnte!!!

eure vielfältigen,
so unterschiedlichen übersetzungen
seit 1780
haben den zugang zu meinen werken
für einen großen leserkreis geschaffen,
tun es immer noch
und können von mir
nicht verdammt werden,
wenn auch das verständnis der übersetzer
oft sehr gering ist.
jeder generation ihre übersetzung
näher am text
oder weit von ihm entfernt.

prosaübersetzung,
die ihr heute bevorzugt,
geht auf eine klare herausarbeitung des inhalts aus.
ihr sagt, meine dichtung sei nur
in meinem teutsch wahrnehmbar:
daher wird oft mein teutscher text parallel gestellt.
eure übersetzung in versen wagt den versuch:
sich dem original anzunähern
und soviel wie möglich euch meinem stil,
meinen rhythmischen eigenheiten anzupassen.

meinen zeitgenossen kam meine sprache
kraus, dunkel und wirr vor,
musste öfters dagegen angehen,
so habe ich mich bei gottfried von straßburg
darüber lustig gemacht
und meinen parcival inhaltlich
mit einem aufgescheuchten hasen verglichen,
dem »ein dummes publikum nicht hinterher denken kann«,

habe meinen prolog unfreundlich begonnen,
hoffe ihr die könnt die substanz des parcivals

in eure zeit transponieren:
entscheidend ist der reimvers
mit seiner sprachlich-sachlichen diktion,
der die verslose übersetzung
zu einer lesehilfe degradiert:
wan han i kunst, die gi(b)t mir sin(n).

wichtig ist die fähigkeit der menschlichen seele
sich dem wirken des »heiligen geistes« zu öffnen:
aus dessen kraft schöpfe ich die kraft für meine kunst,
nicht aus büchern.

Gedanken zum **Literatourweg Franken** ab 19.06.2016

»Wie kann ich seyn, ohne zu schreiben?« (Goethe)

Mein Name ist Peter Dreyling, 80, seit 60 Jahren Lyriker, habe die Ehre auf dem neuen Literatourweg Franken mit 15 Dichterstelen die No. 13 zu sein.

Mein Lebensweg ist überschaubar geworden. Bodamer, der Sozialpathologe sagt:

»Ein alter Mensch ist gleichsam ›ortlos‹.

Es zählt nicht mehr das Geleistete sondern die Spur seines Lebens.«

Franz Kafka hält dagegen: »Jeder, der sich die Fähigkeit erhält, Schönes zu erkennen, wird nie alt werden.«

Ich erinnere an die Worte von Hilde Domin: »Damit es anders anfängt zwischen uns …« und an Wolfram, unsere No. 1:

> *»den weg, den er so sehr geliebt,*
> *den gibt's nicht mehr,*
> *man hat ihn kultiviert,*
> *autos rollen drüber her.*
> *es fallen seine Schatten*
> *auf fremder wege spur.*
> *nur eine arnsel flötet*
> *stolz eine hohe partitur.«*

Viktor von Scheffel, die No. 8 des Literatourweges, bringt uns Wolfram nahe:

> *»In des Abends letztem Funkeln*
> *reit ich durch mein Frankenland,*
> *mächtiges Gewitterdunkeln*
> *säumt der Waldgebirge Rand.*
> *Wind und Wellen ziehen weiter,*
> *und ich zieh den Wolken nach,*
> *und man kennt im Land den Reiter*
> *Wolveram von Eschenbach.«*

In den letzten Jahren sind neue Möglichkeiten entwickelt worden, Zugang zu Dichtern und ihren Werken zu eröffnen, »ein regelrechter Literatourismus in Dichters Landen« – im Sinne Goethes – ist entstanden.

»Seien wir uns bewusst, Franken besitzt« nach Prof. Armanski, »manche verhaltene, zu wenig bekannte und nicht gebührend geschätzte literarische Kraft.«

Diese regionale Vielfalt der Literatur wird hier auf dem Literatourweg sichtbar gemacht:

In Wolframs-Eschenbach mit Wolfram von Eschenbach, Horst Prosch und Peter Dreyling, auch Jakob Wassermann, in Nürnberg mit Hans Sachs und Jakob Wassermann, in Ansbach mit Johann Peter Uz, August Graf von Platen, Friedrich Güll, in Bamberg mit Ludwig Tieck und W. H. Wackenroder etc.

»Wir rasen durch die Landschaft, haben das Verweilen verlernt,
von Sensation zu Sensation lassen wir uns jagen, den Beschleuniger am Ohr,
übersehen das Kleine, das Unscheinbare,
bücken uns kaum noch zu den kleinen Köstlichkeiten am Boden,
zu der lautlosen Verkündigung der Natur,
überhören die Botschaft der kleinen Dinge.«
(ex »Zyklus« von peterdreyling)

»Halte Einkehr an den Tafeln und genieße eine Zeitreise der lebendigen Art,
fernab gewöhnlicher Wege!«
Der Literatourweg entsteht, wenn DU ihn gehst –
schnell oder langsam.
Er wartet mit Erfahrungen auf Dich, die DU nicht gemacht hättest,
wenn Du einen anderen Weg gegangen wärst.
Am Ende des Weges wartet jemand auf Dich – DU selbst bist es,
DU bist der wichtigste Teil aller Wege, die DU gegangen bist und die DU noch gehen wirst.
Gehe ihn immer j e t z t!
Alles, was Du tust, ist wichtig, wenn Du es tust,
hier in der Faszination Natur und Kultur.
Kunst in Bewegung genießen, ist ein Resultat von Kreativität.

peterdreyling/ 2016

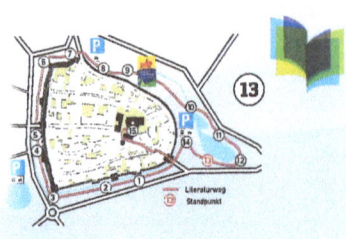

Peter Dreyling

Peter Dreyling wurde 1937 in Lübeck geboren und wuchs in Niedersachsen auf. Nach seinem Jurastudium in Kiel, Freiburg und München arbeitete er viele Jahre in der Wirtschaft und zog 1999 nach Wolframs-Eschenbach, wo er sich fortan literarisch betätigte. 2002 erschien sein erster Gedichtband. In den Jahren danach folgten ein Lyrikband über Wolframs-Eschenbach und Liebeslyrik „ein wip mac wol erlouben mir" sowie der Gedichtband „Zyklus", dem auch die beiden Gedichte entnommen sind. Obwohl aus dem hohen Norden Deutschlands stammend zeigen die Gedichte Dreylings eine starke Verbundenheit zur fränkischen Landschaft aber auch zur Kultur, insbesondere der Literatur dieses Raumes. Für sein Engagement u.a. im hiesigen Museum, in der Stadtbücherei wie auch für seine vielfältigen weiteren Interessen wurde ihm 2011 der Bayerische Landespreis für ältere Menschen verliehen.

am poetenpfad in franken

tau tropft mit sprühen
auf die lyrik morgenmild
aus jeder knospe schlüpft im frühen
manch edler verse bild

ein radler kommt

baum rauscht wie immer

du bleibst nicht lange einsam hier

wanderer gehen vorbei im sommerflimmer
manch einer findet doch den weg zu dir

nach weg und minneliedern
der radler frug

die kann er lesen hier genug
für die seele
für das herze
vollauf genug

ist das die rechte strasse hier
baum sprich wohin

du hast mit deiner stille
berauscht mir meinen sinn

Inhalt: Wolfgang Oslander, Ansbach
Grafik: grafikdesignsetz.de

LITERATURWEG FRANKEN

der baum blüht auch
für wolfram von eschenbach

mit seinem parzival machte er sich auf
burgen und schlösser zu bereisen
wo edle frauen und herren zuhauf
gern lauschten seinen sängerweisen

wenn er dann sang vom parzival
erhob sich ihres lobes hall
er sah manch schönes aug sich feuchten
manch ritterlich antlitz leuchten
vom widerschein des grals verklärt

es dünkten sie all die rittermären
voll schildes klang und splitternden speeren
mit ihm verglichen mehr nicht wert
als bunte kiesel die im bach
umblinkt von spielenden sonnenstrahlen
mit edelsteingeflimmer prahlen

© Peter Droyling: Zyklus
Abdruck mit freundlicher Genehmigung des Autors

Bildverzeichnis

Umschlagabbildung: Wolfram von Eschenbach-Brunnen, © Klaus Dölla
Seite 8: Blick durchs Obere Tor, © Foto, Lied: Dr. Otto Großmann 1916
Seite 16: Topfwappen des »wulfram freyher v. Eschenbach«, © Wappenbuch C. v. Grünenberg
Seite 17: Reichspostkarte, gelaufen, Wolfram v. E. an Wartburg, © C. A. Cluss 1911
Seite 19: Josef Stellwag als Wolfram von Eschenbach, © W. Stellwag
Seite 22: Plakat der Wolfram-Festspiele, © W. Stellwag
Seite 27: Wolfram-Brunnen, © S. Schneider
Seite 35: Jung Parzival, © Peter Dreyling
Seite 37: © P. Dreyling
Seite 46: Blick auf die Alte Vogtei © S. Schneider
Seite 53: Blick aufs Obere Tor mit Barbane, © Klaus Dölla
Seite 55: Liebfrauenmünsterturm, © Klaus Dölla
Seite 56: DeutschOrdens-Schloß, © Klaus Dölla
Seite 60/61: Marktplatz mit Hohes Haus und Alte Vogtei © Klaus Dölla
Seite 64: Liebfrauenmünster, © S. Schneider
Seite 66: Epitaph im Liebfrauenmünster, © wikimedia
Seite 67: Weihnachtsstimmung in der Hauptstrasse, © Klaus Dölla
Seite 73: »Zigeunerkreuze«, © P. Dreyling
Seite 74: Lyrikbaum, © P. Dreyling
Seite 80/81: Oberes Tor, © Klaus Dölla
Seite 84/85: Lyrikweg, © Stadt Wolframs-Eschenbach
Seite 87: Blick über die Stadtmauer, © S. Schneider